JN437716

해바라기 키 재기

김귀례

전북 정읍 출생. 2000년《시조생활》신인문학상으로 등단.
2010년 서울문예상, 2016년 (사)한국시조협회 문학상 작품상, 2018년 (사)세계전통시인협회 공로상 본상, 제2회 포은시조문학상 본상 수상.
(사)세계전통시인협회, (사)한국시조협회, 강남문인협회 이사, 한국문인협회, 국제펜클럽 한국본부, 한국시조시인협회, 한국여성문학인회 회원, 시 낭송가 및 시 낭송 지도자.
토함 동인지『심방心房에서 새어 나온 이야기』외 7권, 삼연회 동인지『아날로그의 반란』외 다수, 시조집『해바라기 키 재기』등 출간.
sijo100@hanmail.net

해바라기 키 재기

—

초판1쇄 2019년 12월 10일
지은이 김귀례
펴낸이 김영재
펴낸곳 책만드는집

—

주소 서울 마포구 양화로3길 99, 4층(04022)
전화 3142-1585·6
팩스 336-8908
전자우편 chaekjip@naver.com
출판등록 1994년 1월 13일 제10-927호

—

ISBN 978-89-7944-711-8 (04810)
ISBN 978-89-7944-354-7 (세트)

책 만 드 는 집 시 인 선 139

해바라기 키 재기

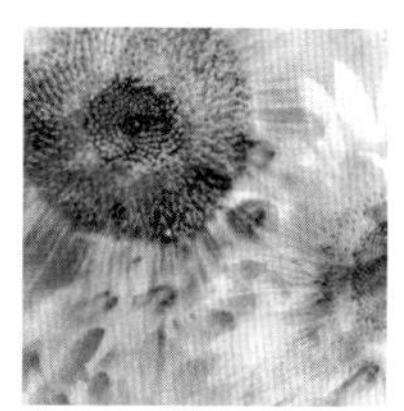

김귀례 시조집

책만드는집

| 추천사 |

없는 달도 만들어내는 상상의 극치

유성규 세계전통시인협회 회장

나와 인연을 맺은 문하생 중에 놀라운 시력詩力을 보인 이가 누굴까 하고 묻는다면 나는 서슴없이 김귀례 시인을 들 것이다.

없는 달도 만들어내고, 지는 해를 뜨게 하는 솜씨는 함부로 되는 것이 아니다. 타고난 분복分福도 필요하지만 목숨을 걸고 덤비는 집념이 필요하다.

김귀례 시인은 마음씨 곱기가 외모의 아름다움과 일치한다. 곧 자연과 내가 일치하는 물아일체物我一體의 경지에 이르렀다. 숨어서 피는 꽃이 더욱 아름답듯, 김귀례 시인은 언제나 다소곳하다. 마음씨가 너무 곱듯 그의 시는 더욱 곱다.

표제 시조로 올린 「해바라기 키 재기」를 읽어보자.

그 들판 긋고 가듯

이 들판 긋고 오듯

그 바람이 왔다 가는

네 가슴과 내 가슴은

한 뿌리

해바라기를

피워 올릴 뿐이다

그리움이란 무엇인가. 너와 나의 사랑은 한 뿌리이며 사랑인 해바라기를 피워 올릴 뿐이다. 해바라기가 해를 향해 돌듯, 나의 사랑은 너를 향해, 너의 사랑은 나를 향해 순수한 열정으로 키 재기 하며 키를 맞춰가는 것이다.

삶의 진정성을 은유하고 사유의 무게를 지닌 「꽃씨가

묻힌 자리」는 생명의 신비와 존엄을 일깨운다.

꽃씨가 묻힌 자리
모른 채 밟고 가듯

꽃이 펴야 봄이라고
외쳐대며 살아가듯

우리는
살고 있는 것이다
살아가는 것이다

김귀례 시인은 사물의 진면목이 눈을 감아야 보이는 특출한 인물이다. 시란 인간이 빚어낸 가장 아름다운 가치이며 진선미를 내포한다. 현대시조의 지평을 열었다는 찬사가 아깝지 않다.

「사는 법」을 감상하자.

백자의 몸짓을
도공이 배우듯이

한 치의 몸뚱이가
숲에 들어 배우듯이

우리는
새 발자국같이
살아가는 것이다

김 시인은 시조의 형식이나 자수율에서 완벽한 정형률을 유지한다. 그의 시는 절제미의 최고봉인 상징성을 지닌다. 그의 예술성은 물아일체의 경지에서 자란다.

이 시집 속 어느 작품 하나 허술한 것이 없다.

「한강」의 첫 수만 발췌한다.

그 옛날 네 마음이 이제 와선 나의 마음
용서하는 그 마음이 용서받는 이 마음을

가슴을
쓸어내리는
따사로운 어머니

아주 작은 것을 통해 아주 큰 것을 찾아내는 미분과 적

분의 상관성 같은 것이다. 고도의 메타포와 상징성이 어울린 시정신의 절정을 건드린 김 시인은 타고난 시인이란 말이 절로 나온다.

격조 높은 이미지 창출로 고차원의 경지를 달리고 있는 거상巨像의 한 귀퉁이만 건드리고 끝내자니 너무 아쉽다. 지성미가 번득이는 예리한 맛이 있는 김귀례 시인이 문단의 기린아로 남아, 세계적 시인으로 성장하기를 기원하며 또한 믿는다.

| 시인의 말 |

바다 위를 달린 바람 건 듯 쉬고 있을 때
가로등 시린 눈이 반쯤이나 감길 때

마실 나온 얘깃거리
언덕 밑 따순 자리에 심어놓고
새싹 돋기를 기다리던 심정이더니

이제
우연히 만난 들꽃이 주는 기쁨으로
시조의 이야기를 꾸몄다

창문을 하나 열어둔다

—2019년 12월
김귀례

| 차례 |

3부 아름다운 간격

4부 꽃씨가 묻힌 자리

5부 나의 월광곡

6부 야윈 밤

1부

마음꽃 피우기

마음꽃 피우기

아침 해, 저녁놀이 물결을 읽어가듯

피카소 붓끝 되어 바람길을 헤아리듯

한나절 들판을 지나 웃음 한번 보태리

여자는

봄동을 버무리다가
봄물을 들이다가

주절주절 놓쳐버린
아줌마란 이름 앞에

그래도
곁눈질하며
간을 치는 멋과 맛

그럼에도

손톱 하나 깎아 버리는
하찮은 일까지도

제 속살 감춰두고
참, 작은 일이었다

저리도
소란스럽고
저리도 고요하고

능선의 미

판소리 한 소절이 내 마음의 탯줄인 듯

한 가닥 난초잎이 긋고 간 혼불인 듯

하늘은 또 하늘대로 오늘만큼 벗는다

한강

그 옛날 네 마음이 이제 와선 나의 마음
용서하는 그 마음이 용서받는 이 마음을

가슴을
쓸어내리는
따사로운 어머니

논두렁 씀바귀의 귓밥도 적셔주고
순이네 설거지물 그도 또한 맑혀내어

겨레의
아픈 이야긴
물려받은 젖줄이여

간짓대

잠자리 두어 마리 외줄 타기 곡예하듯
맑은 날 흐린 날도 날갯짓 접다 펴다
빨랫줄
흔들릴까 봐
점 하나로 떠 있다

사랑의 미학

한 그루 소나무에도 나는 왜 눈물겨운가
따끈한 차 한 잔이 이리도 편안할까
이런 날
끝동에 밴 흔적
정수리로 맡아본다

목덜미 간지럽게 너는 왔다 떠나고
깃털 같은 민들레는 어디로 날아가나
사랑은
아름다워라
슬퍼서 더 고와라

싸락눈

순백색 창호지에
좁쌀 튀듯 쏟아진다

고요한 그 음절
차돌처럼 야무지다

고운 볼
어루만지는 소리
싸락눈 쌓이는 소리

누드

−K 화가 전시회에서

너, 정녕

실오라기 줄을 타듯 하여라

짜릿한 전율 속에
숨겨놓은 그 순수를

하나씩 끌어내어라 에덴의 저 언덕

할딱인 사랑이었다
거친 파도를 닮았다

만 리 길 꿈의 바다를
조금씩 드러내라

조여든 육신의 바다여 모래톱을 세워라

바람 소리

아카시아 그 향기는
어디만치 흘렀는가

연분홍 앙가슴이
가늘게 떨리는데

그대는
어느 하늘을
염주 알만 굴리는가

가을 피날레

내 눈물 받아먹은 저 이파리 진다홍과
가지 끝에 매달린 마알간 연시 한 알
이 가을
무슨 노래로
들판길을 걸으랴

내 속살 깊은 곳에 남은 햇살 들여야지
두 팔 벌린 그 하늘에 마음을 헹궈야지
이 가을
열매만큼의
내 사랑이 열렸네

소란 속의 고요

말갛게 비워버린
자작나무 숲길에서

산새들 울음소리
깃털에 젖어들고

적토마赤兎馬
지나간 자리
부서지는 이 한밤

비망록

햇살도 앓던 색을
허공에 접어두고

세월 속 선율 따라
구름 가듯 보내놓고

슬며시
웃음을 불러
이름 하나 외운다

2부

해바라기 키 재기

해바라기 키 재기

그 들판 긋고 가듯

이 들판 긋고 오듯

그 바람이 왔다 가는

네 가슴과 내 가슴은

한 뿌리

해바라기를

피워 올릴 뿐이다

해송海松

바람이 후려쳐서 차라리 살맛 나는
한 그루 소나무가 바다 곁에 있습니다

몸통이
돌아가도록
파도를 즐깁니다

절벽에 뿌리하고 갈라지는 물보라를
득음得音으로 챙기려는 대불大佛 같은 헤아림

있고도
없어야 하는
그 이치를 봅니다

마음의 그릇

천금으로 담은 그릇 소금물로 끓여내고
물욕으로 채운 그릇 설탕물로 달여주고
한 사발
거르고 나니
내 그릇은 빈 뚝배기

미물 앞에서

가느다란 다리와 저 구슬땀의 행렬을 보라
그건 그냥 가고 있을 뿐 개미 떼의 묵시록이
너의 성城
벅찬 하루가
한 떨기의 장미꽃

이 군집 언어 속에 반짝일 흑진주를
그대로 건져 올려 목에 걸고 싶어라
물오른
달빛 앞에서
장미이고 싶어라

겨울 나목

초겨울 나절가웃은
아련한 소리에도

적막 한잔 나눌
가녀린 기척에도

산 하나
가슴에 품고
그 생을 다시 본다

인연

산에 살면 산 사람
강에 가면 강 사람

내 발목 돌고 가는
바람 끝이 머문 자리

한 토막
시가 놓였네
너는 풀 끝 이슬이라고

시조란 두 글자가
내 눈빛이 됐네요

어쩌면 귀에 익은
종소리가 됐네요

첫닭이
우는 소리에
눈을 뜨듯 그렇게

천지연폭포

한라산 물을 받아
내리치는 천지연

천 가닥 풀어내어
바닥을 치는구나

귀거래
귀거래사歸去來辭를
꿰어가는 물줄기

섭리

자맥질 같은 거지 우리네 산다는 건
저 물속 깊은 곳에 행복이 기다린다고
우리네 벅찬 가슴은 물 깊이에 눌리고

어쩌다 독백들이 허기진 채 누워 있고
시간은 레일 위에 휘청대며 흐르고
우리도 흘러가는 거야 달이 빙빙 돌아가듯

한 발짝 앞장서는 어쩌다 주연으로
두 발짝 물러서는 나 모를 조연으로
무어라 외쳐대면은 새 태양이 떠오를까

침묵의 강

일찍이 대지 있어 강을 하나 품에 안고
우리네 살림까지 녹여가며 흐르는 강

내 안에
남겨놓은 거
한 톨 보석 분신들

누워서 흐를 때와 일어서는 물살까지
어쩌면 유즙乳汁같이 끈끈할 수 있을까

저 물이
대해에 들면
어느 뿌릴 적실까

나의 강은

혹은 여울처럼 혹은 나이테처럼
부챗살 바람 몰듯 봄날을 부추긴다
늦봄의
풋감 하나가
파아랗게 물들듯

하늘공원

춤추는 영혼은 그 땅의 미소였다
젖줄로 빨아올린 지심地心의 너울 소리
은사시 진저리 치는 오늘이 흐른다

눈부신 은빛 물결 만월보다 드높다
키다리 바람개비 하늘 닿게 심어놓고
하이얀 너울 쓰고서 그 하늘을 가른다

갈잎 속 숨은 햇살 찰진 밀어 풀어내며
사람이 미는 파도 바람이 미는 파도
잘 익은 하늘 마당을 한나절 밟고 간다

비상飛翔

불꽃처럼 타오르는 금물결의 들녘은
가을을 그려놓은 손놀림이 거기 있다
끝없는
억새꽃 바다
어머니 품 같으랴

찬란한 바람결에 하얀 머리 흔들며
지우기 힘든 기억 남기고 간 끝자락엔
상처만
흔적 같아라
주름잡는 하늘길

억새풀 연가

산을 하나 넘으면 촉촉한 그리움이
바람이 되다 말고 억새풀이 된단다
그것은
알알이 새긴
흑과 백의 눈맞춤

목마른 햇살밭에 별빛까지 쏟아지면
하얗게 일어서는 솟대 끝의 불씨들
첫 만남
사라질까 봐
항아리에 담는다

길은 바람에도 있다

친구야 우리 지금 어느 길을 걸어왔나
너와 나 첫걸음이 몇 뼘 남짓하더니
이제와 헤아려보니 별과 별만 같구나

이 산에 꽃이 피고 저 산에 새가 울고
같은 하늘 아래 우리가 있건마는
그 무슨 사연이라고 바람길만 텄느냐

우리는 가고 있고 냇물 흘러 그냥 가고
모래알 반짝인다 제 홀로 쓸려 가듯
나 또한 세월을 간다 저기 저 구름 간다

3부

아름다운 간격

아름다운 간격

어제는 이분음표 밀물 되고 썰물 되고

오늘은 사분음표 꽃물 돌듯 꽃물 들듯

온음표

햇살 내려앉은

내일은 높은음자리

낙조落照

여기 무슨 딴말을 보탤 것이 있으랴
태양은 어쩌라고 몸을 그냥 불사르고
끝내는
종말을 위한
서사시를 읽겠네

어찌하면 우리 몸짓 지워낼 수 있을까
치마폭 끝자락에 묻어버린 젊음이여
지는 해
비정을 묻나
아, 인생이란 이름씨

사는 법

백자의 몸짓을
도공이 배우듯이

한 치의 몸뚱이가
숲에 들어 배우듯이

우리는
새 발자국같이
살아가는 것이다

간이역

젖은 어깨 그 너머로 기적이 들어온다
그 옛날 전설이 된 동네들을 몰고 온다
다 낡은
깃발 하나가
펄럭이는 간이역

한 세월 고요가 코스모스 길이 되고
그 고개 넘다 말고 제 이름도 잊고 사는
그렇게
그렇게 살면
간이역이 되려나

두물머리

길이야 제멋대로
새 땅을 열어가고

물이야 물길 따라
천 리 밖을 떠돌다가

두 물이
예 와서
새 하늘을 여노니

오월의 신부

오월의 눈부심은 출렁이는 찻잔이다

서투른 몸짓으로 징검다리 건너가듯

하르르

봄이 날린다

한 하늘 받쳐 들고

철새들의 군무群舞

오고 가는 길에도 비워주고 채워주고

밀릴 듯 무너질 듯 봄날같이 왔다 간다

풍경 끝

바람결 속에

밀물지는 나이테

쉰 살의 쉼표

반백 년 산 세월 스스로 반눈 뜨고
보리피리 어린 바람 구름밭도 불러놓고
그 시절
울타리 돌아
우루루 달려온다

두 발로 서서 보면 푸념도 한물가고
잰걸음에 돌아가는 눈썹 같은 달이 가고
푸성귀
한 줌 한 줌이
제 빛깔로 익어간다

서울역

그때의 스냅사진
나팔꽃 피고 지듯

급행열차 완행열차
희로애락 반복하듯

청머루
봇짐 속에서
꿈을 찍던 시계탑

부부

어쩌면
귀도 먹는
피아노 건반 소리

별의별
기막힌 정
퐁당퐁당 빠져서

미운 정
간드랑대며
도나우강 흐른다

노인의 벤치

파도가 그어놓은 한 생애를 이끌고

질긴 뿌리 팔을 뻗어 기억을 등에 지고

하루가 누울 때까지 또, 그 봄을 색칠한다

임진강 별곡

기러기 비단 자락 한 소절의 시로 오라
수묵의 번짐인 듯 아스라한 북녘 산천
허기진 고도에 서서 낮은 음계 듣는다

토막 난 메아리가 걸려 있는 빈 가지
목이 긴 사슴처럼 가녀린 몸짓으로
갈밭을 헤집는 바람 유영하는 넋이여

도마 소리 그친 뒤 어둠 드는 채마밭
핏줄 당겨 부른 이름 반세기의 절규가
장단콩 익어가는 밤 설핏하게 흘러라

강산도 하나이고 같은 하늘 아래인데
접어둔 그림 펼쳐 다시 해를 그리면
해토解土의 가슴을 열어 꽃무리가 되리라

달동네 서설序說

빛 여윈 하늘 기슭 바람조차 매서웁다

그 옛날 사연들은 무더운 바람이더니

층층층 비좁은 골목 연탄재가 뒹군다

문득

길어도 길어도
반이나 비어 있다

물들어 간다는 거
나잇값 한다는 거

오늘도
두레박 하나
던져보는 오후다

바다가 되는 테이블

오늘도
헐떡인다

마주 앉은 탁자 위로

바닷물이 출렁이더니
안주가 한 접시

지구를
들어 올리듯
첫 잔을 들어 마셨다

4부

꽃씨가 묻힌 자리

꽃씨가 묻힌 자리

꽃씨가 묻힌 자리
모른 채 밟고 가듯

꽃이 펴야 봄이라고
외쳐대며 살아가듯

우리는
살고 있는 것이다
살아가는 것이다

봄물

어느새 논물에 든 바지런한 물까치

긴 꽁지 잠방잠방 물소리를 듣는구나

새봄이 터지는 소리 찰랑대는 논물 소리

화선지에 그린 봄

환장한 봄이라 들불처럼 번져가고
지나가는 바람까지 한바탕 버무리면
첫사랑 오래 잊었던 설레임을 보겠네

저토록 밀물지는 봄물이 흘러가면
버선코 끝에 일던 쑥부쟁이 새싹 같은
첫사랑 잔물결 속에 그리움을 풀어놓다

산호

외로움이 쌓인 거니
미쳐버린 흔적이니
바닷속 슬픔이
메아리로 엉킨 거니

밤마다
훙얼거리다
굳어버린 그 마음

하얀 물방울이
은하를 되돌리다
티 하나 부끄러운
그리움 덩어리

너와 나

자리 바꾸어
꽃이 핀 듯 살고 싶다

청맥靑麥 소나타

산허리를 휘어감은
청보리 물결친다
물결치며 물결치며
청춘이여 오라 한다
아파트
뒷궁둥이를
가려가며 오라 한다

산 첩첩 골 물소리
귀가 먹은 산지기가
과수댁과 어울릴
주막이면 족하리라
파랗게
바람이 인다
청맥들이 흔들린다

엽서 한 장

토란잎 맵시 위에 상그레 미소 담고

가끔은 여린 손짓 소나기 몰고 오면

꿈길도 깊고 깊어라 시린 꿈만 뒹굴어

목련이 질 때

그대의 목소리가 뚝 뚝 떨어진다
그 소녀 일기장이 예 와서 어울리는데
그 한때
반색하던 얼굴
다가들지 않는다

떼어낼 것 더는 없는 그 봄은 누워 있고
선부른 몸짓인 듯 그 봄은 순수했고
발등에
떨군 젊은 날
기억 속의 몫이다

배꽃

꽃대까지 흔들며 봄을 함께 맞잔다
그 옛날 들떠버린 면사포 닮은 봄밤
너의 방
화촉동방을
훔쳐보고 싶어라

수줍은 바람에 속살까지 내보이다
봄날을 업고 앉아 하얗게 노래한다
저 꽃잎
몸놀림 앞에
춘향 아씨 버선코

찔레꽃

꽃잎은 실눈 뜨고
하늘을 떠받쳤다

독침 같은 향기는
십 리 밖 신열身熱 같다

살포시
나비 앉으니
그냥 저무는 날

자운영꽃

자운영 흔들린다
울음 끝엔 물보라
어느 집 망아지가
스쳐버린 논둑길을
살포시
날아오르는
귓불 하얀 새 한 마리

춘향이의 화촉동방
물고 떠난 나비야
섬진강을 흐르다가
속살까지 흔들리며
빈 하늘
가슴 설렌다
옷고름 풀리는 소리

밤꽃 피는 날에

유월 햇살 안고서
쑥물 든 아지랑이

수줍어 수줍어서
무시로 젖었던 날

꽃 내음
엎질러 놓고
물결치는 한여름

박꽃

하얗게 하얗게 여름을 풀어낸다

외양간 암소 울음 옷섶 타고 저려오면

순백의 행궈낸 자리 품이 벌던 꽃자리

장대비 후려치다 사근사근 머물다

고운 태 벗지 못한 계절이 달려들면

울 엄니 덩그런 몸짓 맨발로나 흐른다

연꽃

하얗게
웃어보렴
양수리의 연꽃아

늪 속의 이야기는
묵직해서 좋아라

휘영청
달이 오르면
너는 그냥 가얏고

맨드라미

어머니 분홍 웃음 담장 밑 빈터에다
구름 한 겹 햇살 한 겹 제 빛을 털어내며
유년 뜰
청청한 하늘
꽃잎 끝에 앉았다

한 모서리 무너질 뙤약볕은 발가벗고
바람 끝 타고 올라 눈빛까지 익어가며
진분홍
질펀히 흘러
몸짓 하나 품었다

능소화

풀어 헤친 옷고름 속눈썹 같은 날에
황톳빛 햇살까지 다홍빛 속살까지
황진이
숨긴 사랑을
닮아가고 있었다

담장 밖 출렁이는 파도야 파도야
그리움 깊디깊은 바닷속 같은 것을
하늘이
무너지도록
노래하라 그 사랑

석류

그녀의 숲에 들면

반쯤 열린 하늘에다

여름 내내 앓던 몸살

감추려고 감추려고

오늘은

침묵의 바다

가을이 쏟아진다

지심도 동백

동박새 절창으로 저리도록 붉으랴

이른 별 유혹에도 취한 듯이 붉어라

칼바람 벼리는 소리 꽃잎마저 아리다

청산도

유채꽃 촉촉하게 자잘한 이야기들

서편제 두어 마당 푸른 물로 쏟아져

광활한 서사의 힘을 물기 터는 나비야

해운대

갈매기 시린 날개 서너 뼘쯤 오르다가

와인 잔 바람 들면 보채는 파도 소리

불현듯

번지는 물결

서툰 몸짓 달군다

5부

나의 월광곡

나의 월광곡 1

기러기 기러기 떴다 계수나무 보름께로
님 하나 품었니라 그 둘레 둘레만큼

속살이
드러난 자리
가는 바람 지나간다

살아 있는 것들의 이야기를 들으며
죽어 있는 것들의 이야기를 들으며
하늘이
강강수월래
산도 덩실 일어선다

나의 월광곡 2

달빛도 때를 알아 내 곁에 왔나 보다
때로는 바람 되고 때로는 비가 되어
내 마음 대지의 노래 물바닥에 그리네

호수가 물이 들어 목젖까지 차오르면
천지가 시를 닮아 내 키만큼 서 있다
물고기 한 마리 튀네 연못 가득 물보라

내장산 운무

새색시 젖빛 안개 유혹으로 사르다가

빛살의 정령들이 가을을 헹구다가

단풍잎

붉은 빛깔에

수줍게 벗은 나신

변산반도

달빛은 구성지게 허물 벗듯 퍼진다
별빛도 주춤주춤 바다에 수놓으며
짠바람 토해낸 자리 흘리고 간 사랑을

묵향에 옷깃 당긴 전나무 숲길 따라
채석강 절벽층에 켜켜이 절인 자락
그날의 고운 자리에 바람으로 누워볼까

매창의 이화우가 구름으로 모여들어
가얏고 열두 줄에 한 잎씩 허물어지면
천년을 고운 떨림에 노래로나 남아볼까

채석강

부끄러운 이빨이 사랑니 앓던 날에
두메산골 묵정밭을 낮 꿩 울다 지친 날에
밀물과
썰물 사이를
천년이여 노래하라

이백의 달이라도 함께 와서 어울려라
신명을 등에 업고 하얗게 노래하라
내 님이
비켜선 자리
햇살이 멎은 자리

달

불씨 하나 품고서
먼발치로 웃음 짓다

찢어진 창문 새로
머리맡을 지킨다

그 불씨
받쳐 들고서
눈 맞추는 어머니

하루가 고달플 때
눈 흘기고 싶을 때

두둥실 풀어 헤칠
눈에 익은 치맛자락

화안한

웃음보따리

그릇 가득 담아본다

양재천의 밤

양재천 가로등 길은 어린 날의 뒤안길
아껴둔 이야기들 질금질금 흘려놓고
그 하루
체증만 같던
짜증까지 풀어놓고

흐르는 양재천에 지난날도 띄워놓고
강바닥 모래알 같은 첫사랑도 건져본다
아득한
그리움 안고
젖어드는 먼 하늘

청계산 소묘

산새들 울음 앞에 산뜻한 나를 본다
수런수런 골안개 긴 밤을 토해내고
그 바위
제자리 지켜
세월을 증명한다

소스라쳐 달아나는 다람쥐 꼬리가
달짜근한 산 내음을 바지런히 끌고 간다
빈 하늘
흔들어대는
가지 끝의 이파리

매봉바위 사잇길은 굽은 솔이 어울려라
줄을 잇는 발자국은 순간에 살다 가고
큰언니
얼굴에 숨은
보조개 같다 하랴

남이섬에서

무겁거든 덜어주렴
저 강물에 부리자꾸나

한 잎으로 흐르다가
북한강에 있다가

힘들면
점지하듯이
십자성에 잇자꾸나

이별의 강을
낭만이라 하느냐

한 밤을 꽁꽁 앓다
뽀얀 해를 맞는 이여

그리움
길이 들듯이
흘러 흘러 제자리

귀여리 가는 길

하루를 뜨고 지는 팔당호 거기 있고
남한강 일몰 도는 조선백자 거기 있고
개울물
개울물 풀듯
물안개를 뿌린다

햇살에 입 맞추며 은파銀波에 미끄러지며
물결은 치는 대로 훌훌 벗어 다 내주고
금사교
솔개 한 마리
어느 물결 더 저으랴

소래포구

갯벌은 제멋대로 바닷게 놀게 두고
뱃길은 때맞추어 벌어졌다 좁아졌다
아낙은 하얀 수건을 질끈 매고 바쁘다

쭈꾸미 초장 맛은 예 와서 별맛이네
해 진다 그 누구도 마주하여 정다워라
물먹은 닻줄만큼을 석양빛이 늘어지고

정동진 해돋이

어제와 오늘 같은 하루의 이야기를
정동진 해돋이 앞에 황홀하던 나의 현기眩氣
그 무슨 부끄러운 일 벌어질 것 같더니

저것 봐 저 불덩이 이글대는 빛살하며
하늘과 땅 사이는 입 다문 채 말이 없고
그 옛날 내가 치렀던 산고 속의 새 얼굴

짜릿하게 와야 하리 사구砂丘의 땀방울로
그렇게 와야 하리 소리 없는 아우성
토담집 햇살이 오를 그림 한 장 걸어두자

라스베이거스 야화

사막의 열기로도 모자라는 라스베이거스
황홀은 한 밤에 와 저마다 들떠 있고
무인도
그런 고요가
담을 둘러치고 있다

걸음마다 밟히는 건 이방인의 날갯짓
정열이 가슴 위로 별빛 타고 내리면
네 얘긴
빌딩에 걸려
매미처럼 앓는다

분수대 꽃빛 물결 하늘에 지등 달고
달빛 안고 뒹굴다가 전율로 서 있다가
그 물결
사막의 햇살은
연인들을 잠재우다

태산

하늘 문 열어놓고 하늘은 낮게 내려
세상 모든 말들이 높은 곳 자리해도
귀 닫고 두 눈을 감고 가만히 엎드렸다

한 소절 펼쳐놓고 구름까지 당겨놓고
천 년이 어제구나 한 시대가 밟고 간다
공자를 닮아서 좋을 하루를 웃다 간다

눈꽃 축제

눈발은 거침없이 수묵담채 치고 있다
멀찍이 두고 봐도 우뚝 솟은 봉 하나
정상은
눈이 먼 사랑
꽁지 빠진 새 한 마리

설원에 익숙한 귀 세워놓고 볼 일이다
꽃사슴 배꼽께로 매달린 사향 있어
순백의
노래로 오라
꿈을 꾸듯 다가오라

6부

야윈 밤

그리움

젓무덤 사이로 파고드는 달빛은
달맞이 꽃물 들인 순백의 띠가 되다
빈 가슴
뿔이 돋듯이
일어서는 그 사람

밤은 깊어 깊어 오경五更을 내가 맞네
뜨락 가득 가을 달은 휘영청 걸려 있고
마음만
몸을 버린 채
새벽을 맞고 있다

별자리

펼쳐진 광야의 전율을 거두어다

한 움큼 금실 엮어 올올이 수놓으며

저 아래 아픈 무리들 어루만질 손이 된다

유년 시절 두 손 꼬옥 셈하던 자릿수가

아려오는 수만큼 마디마디 어긋나고

쪽박에 가득 쏟아지는 그리움이 한 다발

아버지

그 짧은 순간들이 육자배기로 목이 쉰다

열여섯 싹둑 잘린 작은 숨결 닿은 사람

한 번만 선잠결이라도 보고 싶은 아버지

야윈 밤

저건가 이쪽인가
어머님의 별나라는

갈대 휘어 누운 자리
어느 가을이었던가

강 건너
등불이 오듯
두런두런 별자리

슬프게 아름답던
세월처럼 굽은 허리

손에 닿을 그 모습이
벅차게 밀려올 땐

향불도
사르지 못해
사르르 떨리는 손

노을 저편을 보다

오뉴월 무더위도 저만치 비켜 가고
아버님의 논두렁엔 노을이 앉아 논다
피안의 다락논 같은 그 어른 기침 소리

칠 남매 칠백 날엔 요령 같은 응석에도
사랑을 섞어 세운 당신의 울타리는
언제나 봄날이었소 잔잔하던 그 미소

엉겅퀴 닮아가던 당신의 두툼한 손
너털웃음 한갓지게 방 안을 채우시던
그 사랑 묵향 같았다 젖어오는 내 옷자락

요양원 아리랑

꽃이 피고 지는 일 저리도 쉬웁듯이
꽃이 피고 지는 일 저리도 어렵듯이
그렇게 누워 계시네 요양원의 구석 자리

햇빛과 달빛 사이 하루해가 바뀌듯이
근심과 걱정거리 바뀌어 돌아가고
어느새 텅 비어버린 어머님의 빈자리

뼈가 삭아 내리듯 깨알이 쏟아지면
한 알 한 알 줍듯이 어머님을 생각했네
이제는 돌고 돌아서 나는 다시 제자리

바다에 누워

물결에 섞여 도는 해조음을 듣는다
그 속엔 어머님의 굽은 등이 있었고
아! 그냥 지평을 돌아 그냥 그냥 그 자리

밀물에 떠밀리는 내 마음도 한 자리
소금기 얼룩진 날이 팽팽히 일어선다
이끼 낀 세월 저편에 어머니가 그랬듯이

어쩌라고 실눈 새로 철썩이는 언어 있어
포근히 감싸 안는 세상살이 가르친다
수평선 휘어진 자리 그날 그냥 솟고 있다

고향 냄새

앞마당 두엄 냄새
텃밭 가득 뜸들인 냄새

수수목 남은 향기
소쿠리에 살랑 분다

콩 껍질
터지는 소리
들깨 다발 타는 소리

어떤 추억

폭포수 마디지면 눈을 감아보아라
해묵은 일기장의 행간에 앉았다가
적막은
할딱인 가슴
목이 마른 사슴아

미쳐버린 몸짓으로 눈을 감아보아라
천둥받이 들판길을 다시 질러 묵정밭
사무쳐
묻어버렸다
갈래머리 소야곡

나이테 연가

이런 날은 차라리 잿빛 하늘 바라보자
너를 두고 피리 울어 흐르는 강이 되어
가슴속
세월의 무게
부려 넣고 싶어라

한 뼘씩 삶의 몸짓 무늬로 실어놓고
굴렁쇠 닮은 사랑 내가 그려보고 싶다
아무도
모르는 사이
노을빛 꿈을 꾼다

파도

여름이 익을 때면 젖는 일도 서러워
물속에 숨었어도 한 다발 토해내고
초이레
하얀 달빛도
제 빛깔로 벗는다

거대한 욕망으로 안을 수 있는 만큼
알몸이 찢기어도 감당할 수 있는 만큼
저 홀로
변신을 하며
여름을 잉태한다

파도 소리

닫힌 창 활짝 열고 마주한 그리움에
깊숙이 감추었던 두레박 끌어 올려
얼룩진 상처 그 위에 쏟아내는 은하수

하얗게 부서지는 갈매기의 울음들이
포말 된 사연 하나 내 울음을 끌어낸다
한 구절 나의 편지를 읽어주는 파도여

첫눈 내리는 날

하늘 가득 다시 젖는
순백 앞에 다시 서면

점점이 날리는
순수 속에 눈이 멀다

손톱 위
분홍 물 들던
기억 속에 머물다

| 해설 |

부드러움의 미학

김봉군 가톨릭대학교 명예교수 · 문학평론가 · 시조시인

1. 여는 말

자연 서정과 우아미는 우리 전통시학의 주요 특질이다. 서정시의 광맥인 그리움도 우리 서정시학의 연면한 통서統緖다. 우리 시학의 이런 전통은 부드러운 이미지와 나긋나긋한 어조가 조성하는 민족적 고유성이다. 김귀례 시인이 표출한 시조미학의 특성 구명究明은 이 같은 우리 전통미학과 개별 작품의 창조적 비전을 준거로 하여 이루어질 것이다.

이를 위하여 분석주의 비평이 추구하는 작품 자체의 해석과 분석이 선행될 것이며, 역사주의 비평의 준거인

작가와 사회 · 역사적 배경은 부차적으로 고려될 것이다. 김귀례 시인의 시조 작품 자체의 구조적 특성 이해가 중요하다는 뜻이다. 그의 개성과 성장 환경과 시대 배경은 종속적 준거 사항이 될 뿐이다.

김귀례 시인의 시조를, 자연 서정과 심미적 감수성, 일상의 의미, 자아 · 자아상, 역사 · 유서, 그리움 · 사랑, 터득 등의 관점에서 읽기로 한다.

2. 김귀례 시조의 특성

김귀례 시인의 시조들은 표정이 부드럽다. 어조가 유순하여 물 흐르듯이 읽힌다. 거칠게 굴곡지거나 울대를 곧추세우는 아우성 같은 것은 기척조차 없다.

(1) 자연 서정과 심미적 감수성

김귀례 시조는 우리 서정시조 다수가 그렇듯이 자연 서정에 친근하다. 다만, 자연 서정의 심미적 감수성이 창조적 비전으로 표상화되었는가 하는 것은 김 시인에게 요구되는 무거운 과제다.

어느새 논물에 든 바지런한 물까치

긴 꽁지 잠방잠방 물소리를 듣는구나

새봄이 터지는 소리 찰랑대는 논물 소리

「봄물」이다. 머지않아 약동할 봄날을 예고하듯 잠방대는 물까치의 봄 기척, 그 미동微動의 순간을 포착했다. 형용사 '바지런한'과 부사(의성어) '잠방잠방'이 절묘하게 구사되었다. "터지는 소리"를 불러온 시상詩想 전환의 기법도 탁월하다. 봄의 서정이 이 논물 소리와 함께 무르익을 채비를 한다.

자운영 흔들린다
울음 끝엔 물보라
어느 집 망아지가
스쳐버린 논둑길을
살포시
날아오르는
귓불 하얀 새 한 마리

「자운영꽃」 첫째 수다. 자운영꽃은 봄에 피는 자줏빛 꽃이다. 자줏빛 구름을 형상화한 꽃 이름이 아름답다. 자운영 핀 논둑 길섶의 망아지가 잔망스럽다. 고요한 봄날 김귀례 시인의 서정적 자아는 "귓불 하얀 새 한 마리"를 날아오르게 한다. '자운영의 흔들림'과 '울음 끝의 물보라', 다 미동의 이미지다.

밤은 깊어 깊어 오경五更을 내가 맞네
뜨락 가득 가을 달은 휘영청 걸려 있고
마음만
몸을 버린 채
새벽을 맞고 있다

「그리움」 둘째 수다. 우주 원공圓空을 가득 채우는 가을 달빛은 천지문天之文, 하늘글이다. 그런 천지문이 지지문地之文의 뜨락을 감쌌다. 거기에 인지문人之文으로 마음이 화합한다. 천지인 삼재三才의 합일이다.

우리 시가의 천체미학은 해가 아닌 달과 별에 친근하다. 별은 살뜰한 그리움과 초려焦慮, 달은 충만의 표상이다. 우리의 서정 세계에서 달은 흥망성쇠, 재생, 영생, 조화, 융합, 정화淨化, 외로움, 소외, 원융圓融의 표상이다. 달의 부드러운 빛은 흐뭇하게 감싸는 듯, 물기를 머금은 듯한 느낌으로 인해 여성적인 서정성, 조화와 융합, 내밀한 공감 등을 상징한다. 그 차가운 느낌은 외로움과 슬픔, 정한情恨을 환기한다. 이 시조의 달은 '부드러운 충만'이다.

김귀례 시인의 마음은 새벽 달빛에 젖어 있다. "마음만/ 몸을 버린 채/ 새벽을 맞고 있다"는 종장의 착상이 절묘하다. 창의적이다. "설월雪月이 만정滿庭한데 바람아 불지 마라"의 전통미학에 접맥되는 작품이다.

꽃대까지 흔들며 봄을 함께 맞잔다
그 옛날 들떠버린 면사포 닮은 봄밤
너의 방
화촉동방을
훔쳐보고 싶어라

「배꽃」 첫째 수다. 배꽃과 면사포의 비유, 새롭다. 배꽃의 밤은 화촉동방이기도 하다. "들떠버린"에서 마음은 꽤 상기되나 위기는 아니다. 꽃무릇이나 철쭉꽃 · 진달래꽃과 같은 강렬성과는 먼 거리에 있다. 대상을 자아화한 작품이다.

종장을 석 줄 층량식層量式으로 배열한, 초 · 중 · 종장

과분수형은 불안감을 준다.

산허리를 휘어감은
청보리 물결친다
물결치며 물결치며
청춘이여 오라 한다
아파트
뒷궁둥이를
가려가며 오라 한다

산 첩첩 골 물소리
귀가 먹은 산지기가
과수댁과 어울릴
주막이면 족하리라
파랗게
바람이 인다
청맥들이 흔들린다

「청맥青麥 소나타」다. "산허리를 휘어감은/ 청보리 물결친다"로 운을 뗀 이 시조는 자못 관능기를 풍긴다. 산지기가 과수댁과 어우러질 청맥의 계절이다. 강렬성을 품었다. 은은한 부드러움 속에도 생기가 인다. 김귀례 시인의 서정적 자아에도 정분情分, 인간미가 깃들어 있어 적이 마음에 놓인다. 비정非情치 않아서다.

눈발은 거침없이 수묵담채 치고 있다
멀찍이 두고 봐도 우뚝 솟은 봉 하나
정상은
눈이 먼 사랑
꽁지 빠진 새 한 마리

「눈꽃 축제」 첫째 수다. 눈 내린 정경을 '보여준다'. 옮은 색채 한국화다. 눈 내리는 천지에 봉우리 하나 우뚝 솟아 있고, 꽁지 빠진 새 한 마리가 클로즈업된다. 봉우리 정상은 어림없다. 눈먼 사랑 딱 그것이다. 비상飛翔할 엄두를 내지 못하는 한 마리 새의 고적한 영상에 독자의 눈길은 오래 머문다. 김귀례 시인은 문예 창작이 들려주기telling가 아닌 보여주기showing임을 아는 사람이다.

거대한 욕망으로 안을 수 있는 만큼
알몸이 찢기어도 감당할 수 있는 만큼
저 홀로

변신을 하며
여름을 잉태한다

「파도」 둘째 수다. 여름 바다 파도의 세찬 기세를 활물화活物化, 유정물화有情物化하였다. 김귀례 시인의 부드러운 자아도 '잉태'를 위해서는 감당할 수밖에 없는 것이 있다. 격렬한 역동성이다. 부드러움 속의 강렬성, 강렬한 것 속에 감추인 부드러움의 역설을 독자들은 읽을 수 있어야 한다. 잉태의 비의祕義다.

가느다란 다리와 저 구슬땀의 행렬을 보라
그건 그냥 가고 있을 뿐 개미 떼의 묵시록이
너의 성城
벅찬 하루가
한 떨기의 장미꽃

「미물 앞에서」 첫째 수다. 개미 떼의 노고勞苦를 아름답다 한다. 장미라고 한다. 섭리에 따르니, 묵시록적 행진이 된다. 개미의 존재성이 숭고미의 표상이 되었다.

김귀례 시인이 3장 석 줄 형식의 시조 기본형을 살짝 변형시켜본 것은 '언어형식의 감옥'이라는 자유시 독자들의 쓴소리에서 자유로워지기 위함이다. 우리 시조시인 모두의 막중한 과제다.

달빛은 구성지게 허물 벗듯 퍼진다
별빛도 주춤주춤 바다에 수놓으며
짠바람 토해낸 자리 흘리고 간 사랑을

묵향에 옷깃 당긴 전나무 숲길 따라
채석강 절벽층에 켜켜이 절인 자락
그날의 고운 자리에 바람으로 누워볼까

매창의 이화우가 구름으로 모여들어
가얏고 열두 줄에 한 잎씩 허물어지면
천년을 고운 떨림에 노래로나 남아볼까

「변산반도」다. 전북 부안 변산반도의 절경을 그렸다. 제1연을 천체미학으로 장식했다. 달빛과 별빛의 작용이다. 부사어 '구성지게'와 '주춤주춤'이 적실하게 구사되었다. 활물화, 의인화 기법이다. 전나무 숲길과 채석강 절벽층이 지배소支配素로 부각되고, 선비의 묵향이 서린다. 마침내 부안 명기名妓 매창梅窓의 '이화우梨花雨'가 "구름으로 모여"든다.

매창(1573-1610)은 선조 · 광해군 때의 사람으로 황진이와 함께 조선 명기의 쌍벽을 이룬다. 본명은 향금香今이며, 계유년에 났다 하여 계생癸生, 계랑癸娘으로도 불렸다. 아전 이탕종의 딸로서, 시문과 거문고에 뛰어나 당대의 문사인 유희경 · 허균 · 이귀 등과 교유하였다. 허균의 문집 『성소부부고』에 매창과 시를 주고받은 기록이 있다. 매창은 황진이와 함께 조선시대 최고의 여성 시인이요 음악가, 종합예술가였다. 그의 명시조 '이화우 흩뿌릴 제 울며 잡고 이별한 임'은 유희경을 그리워하며 지은 작품이다. 37세에 요절한 매창은 평소에 애지중지하던 거문고와 함께 부안에 묻혔다. 1974년 부안 서림공원에 시비가 섰다.

매창 이야기가 길어졌다. 김귀례 시조시인이 부안 인근 정읍 출신인 까닭이다. 남원 쪽 판소리와 부안 쪽 매창 시재詩才의 영향권에서 생장한 김귀례 시조시인의 전통문화적 배경을 짚어보는 것은 극히 자연스러운 일일 것이다.

잠자리 두어 마리 외줄 타기 곡예하듯
맑은 날 흐린 날도 날갯짓 접다 펴다

빨랫줄
흔들릴까 봐
점 하나로 떠 있다

「간짓대」다. 간짓대는 기다란 대나무 장대다. 잠자리 두 마리가 간짓대 끝에서 노니는 모습을 그렸다. "점 하나로 떠 있다"는 초점화 기법이 돋보인다.

김귀례 시조들은 자연 서정과 심미적 감수성 영역에 드는 작품이 다수다. 김귀례 시인의 언어예술적 감수성이 무르익었다는 증거다.

(2) 일상의 표상

시인에게는 일상도 범상하지 않다. 김귀례 시인에게도 일상의 삶은 부단히 의미 있게 다가온다.

손톱 하나 깎아 버리는
하찮은 일까지도

제 속살 감춰두고
참, 작은 일이었다

저리도
소란스럽고
저리도 고요하고

「그럼에도」다. 손톱 하나와 속살이 대립 관계를 보인다. 손톱만 한 작은 일도 큰일인 듯 소란스러워하는 일상이 엿보인다.

김귀례 시조의 두 번째 변이형이 드러났다. 2·2·3행식 배열 형태다. 안정감을 주는 변이형이다.

꽃씨가 묻힌 자리
모른 채 밟고 가듯

꽃이 펴야 봄이라고
외쳐대며 살아가듯

우리는
살고 있는 것이다
살아가는 것이다

「꽃씨가 묻힌 자리」다. 꽃씨가 묻힌 자리는 귀한 곳이다. 괴테의 말이 아니라도, 꽃은 하늘의 별과 지상의 어머니와 함께 가장 아름답고 귀한 존재다. 그런 꽃의 씨앗(소망의 씨앗)이 묻힌 곳을 무심히 밟고 지나치는 우리의 일상을 부각했다. 그럼에도 부활과 새 생명의 봄을 외치며 사는 일상인이 우리들이다.

앞의 시조와 형태는 같다.

산에 살면 산 사람
강에 가면 강 사람

내 발목 돌고 가는
바람 끝이 머문 자리

한 토막
시가 놓였네
너는 풀 끝 이슬이라고

시조란 두 글자가
내 눈빛이 됐네요

어쩌면 귀에 익은
종소리가 됐네요

첫닭이
우는 소리에
눈을 뜨듯 그렇게

「인연」이다. 언뜻 무심하고 무의미해 보이는 일상이라고 허튼 것이 아니다. 어느 인연의 유역에서, '눈빛'과 '종소리'로 각성되는 의미 있는 실체가 떠오르기도 한다. 김귀례 시인에게는 그런 각성의 실체가 시조다.

세 번째 변이형 시조다.

파도가 그어놓은 한 생애를 이끌고

질긴 뿌리 팔을 뻗어 기억을 등에 지고

하루가 누울 때까지 또, 그 봄을 색칠한다

「노인의 벤치」다. 우여곡절, 파란만장한 노인의 생애, 질기게 뿌리박힌 한평생이 벤치에 진좌鎭坐해 있다. 팔을 뻗은 등 뒤에는 노인의 과거, 기억의 세월이 이어져 있다. 늙은 시간도 그냥 덧없이 사멸하는 것이 아니다. 부활의 봄에 대한 기대를 버릴 수 없다.

빛 여윈 하늘 기슭 바람조차 매서웁다

그 옛날 사연들은 무더운 바람이더니

층층층 비좁은 골목 연탄재가 뒹군다

「달동네 서설序說」이다. 가난한 달동네라 빛조차 여위었다. 연탄재가 나뒹구는 비좁은 골목, 가난의 징표다. 선하디선한 김귀례 시인, 자비의 자아가 눈을 뜬다.

의식의 측면으로 보면, 문학작품의 자아는 ① 개인의식의 형이상학적 위상, ② 사회적 자아의 형이상학적 위상, ③ 사회의식의 형이하학적 위상, ④ 개인의식의 형이하학적 위상 중 어느 하나에 자리한다. 이 작품의 자아는 ② 위상에 있다. 서정시의 대다수 자아는 ①의 위상에 있다. 김귀례 시인의 경우도 마찬가지다. 이 작품의 위상이 소중한 이유다.

길어도 길어도
반이나 비어 있다

물들어 간다는 거
나잇값 한다는 거

오늘도
두레박 하나
던져보는 오후다

「문득」이다. 물을 긷고 길어 담고 또 담아도 물독은 다 차지 않는다. 욕망과 한계, 숙명 같은 것이다. 그럼에도 욕망은 살려야 하고, 노역勞役은 계속되어야 한다. 이것이 우리의 일상이다. 김귀례 시인의 시적 자아에게 지혜 터득의 시간이 가까워지고 있다. 김귀례 시인의 시적 자아에게 일상의 표상과 그 의미는 무위無爲와 허무가 아닌 터득의 시간으로 가는 징검돌이다.

(3) 자아 표상

우리의 표면적 자기, 페르소나persona 안에는 여러 모습의 자아가 살고 있다. 그중 시적 자아가 만나는 대상과 국

면은 다양하다.

봄동을 버무리다가
봄물을 들이다가

주절주절 놓쳐버린
아줌마란 이름 앞에

그래도
곁눈질하며
간을 치는 멋과 맛

「여자는」이다. '아줌마'란 이름으로 불리는 현실적 자아에 순응하는 모습이다. 아줌마로 불리면서도 아닌 쪽에 곁눈질은 하나, 현실적 조건을 아름답게 수용한다. 멋과 맛의 주인이다.

천금으로 담은 그릇 소금물로 끓여내고
물욕으로 채운 그릇 설탕물로 달여주고
한 사발
거르고 나니

내 그릇은 빈 뚝배기

「마음의 그릇」이다. 천금은 욕망의 극치다. 욕망을 다스려 비우는 것은 마음공부, 수행修行이다. 빈 자아의 그릇은 마침내 투박한 빈 뚝배기가 된다.

혹은 여울처럼 혹은 나이테처럼
부챗살 바람 몰듯 봄날을 부추긴다
늦봄의
풋감 하나가
파아랗게 물들듯

「나의 강은」이다. 나의 강, 내 인생은 여울처럼 세차게 흐르다가 나이테인 양 맴돌기도 한다. 생동하는 봄날인 양 피어나는 자아를 자극하여 필경에는 싱싱하게 영근 풋감이 된다. 생동감이 묻어나는 자아 표상이다.

일찍이 대지 있어 강을 하나 품에 안고
우리네 살림까지 녹여가며 흐르는 강

내 안에

남겨놓은 거
한 톨 보석 분신들

누워서 흐를 때와 일어서는 물살까지
어쩌면 유즙乳汁같이 끈끈할 수 있을까

저 물이
대해에 들면
어느 뿌릴 적실까

「침묵의 강」이다. 대지와 자아가 일체화되어 있다. 그 안에 강이 흐르고, 자아 안에는 보석 같은 분신들이 있다. 마침내 한바다에 이르게 될 영원한 자아, '나의 강물'은 '어느 뿌리'(큰 생명체)를 적실 것인가, 이렇게 읽힌다. 스케일이 큰 자아 표상이다.

초겨울 나절가웃은
아련한 소리에도

적막 한잔 나눌
가녀린 기척에도

산 하나
가슴에 품고
그 생을 다시 본다

「겨울 나목」이다. 벌거벗은 겨울나무, 가상假象을 떨친 실체다. 방하착放下着, 무욕無欲의 실체라면 더 좋다. 나무의 생태, 존재론적 묵상의 과제다. "적막 한잔 나눌/ 가녀린 기척"은 탁월한 표현 기교다.

그때의 스냅사진
나팔꽃 피고 지듯

급행열차 완행열차
희로애락 반복하듯

청머루
봇짐 속에서
꿈을 찍던 시계탑

「서울역」이다. 아마도 꿈을 품고 서울행 열차에 몸을

실었던 젊은 날의 초상을 그린 것이리라. 청머루는 고향을 표상하는 상큼한 상관물이다. 이는 "해묵은 일기장의 행간에 앉았다가" "목이 마른 사슴" "갈래머리 소야곡"(「어떤 추억」)의 추상追想에 이어진다.

김귀례 시인의 시적 자아는 인생 중반의 자기 좌표를 점검한다. '마음의 그릇'으로 자아의 진상을 확인하며, 연륜의 의미를 마음자리에 되새긴다. 문득 가식을 떨쳐낸 벌거벗은 자아상을 객관화하며, 욕망의 한계와 그 추구욕을 새삼 되새기고 있다.

(4) 역사의 의미

작가야말로 지성인이요 '생각하는 갈대'다. 자신의 실존 문제는 물론, 사회 현실과 역사의 의미에 무심한 작가는 예술지상주의자밖에 없다. 김귀례 시인의 작품 대다수는 순수 서정시조다. 그럼에도 그는 역사의 유서由緖를 짚어보는 눈길을 감추지 않는다.

> 논두렁 씀바귀의 귓밥도 적셔주고
> 순이네 설거지물 그도 또한 맑혀내어
>
> 겨레의

아픈 이야길
물려받은 젖줄이여

「한강」 둘째 수다. 민족의 젖줄 한강의 유서를 캐어본 작품이다. 김귀례 시인의 부드러운 어조가 그대로 실렸기에 강렬성을 띠지는 않았다.

기러기 비단 자락 한 소절의 시로 오라
수묵의 번짐인 듯 아스라한 북녘 산천
허기진 고도에 서서 낮은 음계 듣는다

토막 난 메아리가 걸려 있는 빈 가지
목이 긴 사슴처럼 가녀린 몸짓으로
갈밭을 헤집는 바람 유영하는 넋이여

도마 소리 그친 뒤 어둠 드는 채마밭
핏줄 당겨 부른 이름 반세기의 절규가
장단콩 익어가는 밤 설핏하게 흘러라

강산도 하나이고 같은 하늘 아래인데
접어둔 그림 펼쳐 다시 해를 그리면

해토解土의 가슴을 열어 꽃무리가 되리라

「임진강 별곡」이다. 임진강은 통한痛恨의 우리 국토 분단선이다. 이런 통한의 상황을 노래할 때, 시인들은 대개 '들려주기'의 이야기 방식을 택한다. 절규의 어조를 분출하기까지 한다. 김귀례 시인은 '보여주기'의 방식으로 상황을 제시했다. 현대시조의 표출 방법을 김귀례 시인이 알고 있음은 여기서도 확인된다. 절창이다.

김귀례 시인은 달동네에 이르러 사회의식을 표출했듯이, 한강과 임진강 앞에서 역사의 유서와 의미를 물었다. 소수의 작품이나 희소한 알곡들이다.

(5) 그리움 · 사랑

그리움이 서정시의 광맥이라면, 사랑은 생명과 삶의 결정소決定素다. 김귀례 시조의 서정적 자아도 이 결정소 없이 존립할 수가 없다.

아카시아 그 향기는
어디만치 흘렀는가

연분홍 앙가슴이

가늘게 떨리는데

그대는
어느 하늘을
염주 알만 굴리는가

「바람 소리」다. 아카시아 흐드러진 꽃향기가 그리움을 촉발한다. 어느 하늘 아래 있을 '그대 생각'에 가슴이 떨린다. 기어코 늙지 않을 결곡한 그리움을, 여린 파동으로 눅여 감수感受하는 서정적 자아의 모습이 애젓하다. 그 애젓한 정감이 2·2·3행식 시조 형태와 좋이 어우러졌다.

한 그루 소나무에도 나는 왜 눈물겨운가
따끈한 차 한 잔이 이리도 편안할까

(…중략…)

목덜미 간지럽게 너는 왔다 떠나고
깃털 같은 민들레는 어디로 날아가나
사랑은
아름다워라

슬퍼서 더 고와라

「사랑의 미학」이다. 사랑하는 사람에게는 천지 만유의 미동微動마저 눈물겹다. 눈물은 순수의 결정結晶이고, 순수는 사랑의 본질이다. 떠났기에 그립다. 또한 아름답다. 그렇기에 김귀례 시인의 서정적 자아는 사랑이 슬퍼서 곱다고 비애미를 직설적으로 표출했다. 시의 위기를 감당하는 사랑의 필연으로 읽힌다. 성종 · 황진이 · 매창 · 홍랑과 이옥봉의 '보내고 그리는 정', '아쉽고 그리운 정'의 전통 정서를 이었다.

내 속살 깊은 곳에 남은 햇살 들여야지
두 팔 벌린 그 하늘에 마음을 헹궈야지
이 가을
열매만큼의
내 사랑이 열렸네
–「가을 피날레」 둘째 수

외로움이 쌓인 거니
미쳐버린 흔적이니
바닷속 슬픔이

메아리로 엉킨 거니

(…중략…)

하얀 물방울이
은하를 되돌리다
티 하나 부끄러운
그리움 덩어리
–「산호」 부분

「가을 피날레」의 가을은 사랑으로 마감되었다. 햇살을 들이고 하늘에 마음을 헹군 실하고 정갈한 마음의 열매, 그것이 사랑이라 했다. 「산호」는 그리움 덩어리다. 외로움의 온축, 가누지 못할 격한 사랑의 흔적이다. 흰 슬픔이 엉킨 메아리다. 은핫물 바라기 하다 엉긴, 청정무결한 그리움 덩어리다. 무어라 은유해도 마음에 차지 않는 산호의 정체는 그리움의 극치다.

김귀례 시인의 서정적 자아는 온통 그리움 덩어리다. "산을 하나 넘으면 촉촉한 그리움이/ 바람이 되다 말고 억새풀이 된"(「억새풀 연가」)다. 하늘의 별자리가 "쪽박에 가득 쏟아지는 그리움" "한 다발"(「별자리」)로 맺힌다.

저토록 밀물지는 봄물이 흘러가면
버선코 끝에 일던 쑥부쟁이 새싹 같은
첫사랑 잔물결 속에 그리움을 풀어놓다

「화선지에 그린 봄」 둘째 수다. 한국화, 화선지에 번져 가는 것은 "첫사랑 잔물결"이다.

그 들판 긋고 가듯

이 들판 긋고 오듯

그 바람이 왔다 가는

네 가슴과 내 가슴은

한 뿌리

해바라기를

피워 올릴 뿐이다

「해바라기 키 재기」다. 두 들판을 긋고 가는 헛헛한 바람은 서로의 가슴에 서린 곡진한 그리움을 공유케 하는 매개적 상관물이다. 거기에 심겨 자라나는 그리움은 한 뿌리에서 자라나는 해바라기, 서로 한곳만 바라볼 수밖에 없는 불변의 표상이다. 독자들은 여기서 절절하면서도 애련에 결코 자지러질 수 없는, 열정 어린 자아의 모습에 감동의 시선을 보내게 된다.

그 짧은 순간들이 육자배기로 목이 쉰다

열여섯 싹둑 잘린 작은 숨결 닿은 사람

한 번만 선잠결이라도 보고 싶은 아버지
—「아버지」 전문

강 건너
등불이 오듯
두런두런 별자리

슬프게 아름답던
세월처럼 굽은 허리

손에 닿을 그 모습이
벅차게 밀려올 땐

향불도
사르지 못해
사르르 떨리는 손
–「야윈 밤」 부분

세상을 뜨신 부모님을 향한 그리움이 서린 시조다. 애면글면하는 원색적 감정 표출을 절제하려 고투한 모습이 역연하다. 사람이 육친六親과 죽음으로 결별한다는 것은 애별리고愛別離苦의 극한이다. 그 극한 감정을 식힌 김귀례 시인의 시정詩情이 애달프다.

인간의 심서心緖 가운데 그리움은 소중하다. 구원久遠의 사랑일 때, 그것은 결곡한 생명소다. 김귀례 시인은 그 생명소에 직핍해 들되, 심미적 거리aesthetic distance 지키기 시학에 충실하다.

(6) 터득

자연 서정, 일상의 의미, 자아 표상, 역사의 유서, 그리움과 사랑을 짚어본 김귀례 시인의 서정적 자아는 마침내 지혜 터득의 경지에 귀착한다.

바람이 후려쳐서 차라리 살맛 나는
한 그루 소나무가 바다 곁에 있습니다

몸통이
돌아가도록
파도를 즐깁니다

절벽에 뿌리하고 갈라지는 물보라를
득음得音으로 챙기려는 대불大佛 같은 헤아림

있고도
없어야 하는
그 이치를 봅니다

「해송海松」이다. 세찬 바람을 견뎌내면서 항심恒心으로 의연한 해송의 생태를 자아화하고, 삶의 지혜를 터득한다. 거센 파란波瀾에 부대끼기보다 외려 그것을 즐기기에 이르렀다. 고난의 역설이다. 절벽에 뿌리 내린 것도 아아로운데, 파도가 일구는 물보라, 생의 간난신고艱難辛苦가 빚어내는 자잘한 사연들을, 득음의 큰부처 같은 헤아림으로 관조하는 자아 표상을 보라. 초월이요 깨달음이다. 이런 해송의 표상은 늘 은은한 미소로 가만가만 다가오는 김귀례 시인을 닮았다.

자맥질 같은 거지 우리네 산다는 건
저 물속 깊은 곳에 행복이 기다린다고
우리네 벅찬 가슴은 물 깊이에 눌리고

어쩌다 독백들이 허기진 채 누워 있고
시간은 레일 위에 휘청대며 흐르고
우리도 흘러가는 거야 달이 빙빙 돌아가듯

한 발짝 앞장서는 어쩌다 주연으로
두 발짝 물러서는 나 모를 조연으로
무어라 외쳐대면은 새 태양이 떠오를까

「섭리」다. 산다는 것이 자맥질에 비유되었다. 행복은

깊은 물속에 있어, 욕망은 깊이에 눌린다.

백자의 몸짓을
도공이 배우듯이

한 치의 몸뚱이가
숲에 들어 배우듯이

우리는
새 발자국같이
살아가는 것이다
—「사는 법」 전문

어쩌면
귀도 먹는
피아노 건반 소리

별의별
기막힌 정
퐁당퐁당 빠져서

미운 정
간드랑대며
도나우강 흐른다
–「부부」 전문

「사는 법」은, 삶의 묘리妙理다. 도공이 몸과 마음에 익힌 숙련의 길, 자연의 품속에서 찾아내야 하는 순리順理를 터득한 자의 끄덕임이다. 「부부」는 갖가지 곡절을 겪어가며 누리게 되는 금실지락琴瑟之樂을 '도나우강'의 음률, 깊이, 길이에 담았다.

이순耳順을 헤아리는 김귀례 시인의 시업詩業은 이제 예지叡智를 터득하는 깨달음의 경지에 들었다.

3. 맺는말

김귀례 시인은 심미안이 탁월하다. 다수를 차지하는 그의 서정시조는 물, 들, 산, 하늘 등의 자연미학에 친근하다. 봄물, 계류溪流, 청맥靑麥, 자운영, 배꽃 · 달맞이꽃, 달 · 별, 바다 · 파도 같은 천지자연의 묘유妙有의 진상眞相에 직핍해 든다. 그의 시조에 깃든 부드럽고 나긋나긋한 어조는 그렇기에 만유 현상의 표피를 모사模寫하기에 그치지 않는다. 본질과 의미 포착의 계기를 놓치지 않는다는 뜻이다. 그의 시조에서 자연이 자주 활물화, 유정물화하는 까닭도 이에서 연유한다.

김귀례 시조의 천체미학의 주요 목록은 해보다 달과 별이다. 이는 우리 시가 전통이 거느리는 박명薄明의 미학에 접맥되며, '보내고 그리워함', '아쉽고 그리운 정'을 함축한다.

김귀례 시인은 우리들 일상의 의미, 인연, 노년의 표정, 세상의 그늘진 곳을 놓치지 않는다. '삶의 문학'의 일단이다. 세상살이에 눈길을 주는 시인이 역사에 무심할 수 없다. 그는 겨레의 젖줄인 한강과, 국토 분단의 경계선 이미지border-line image의 임진강을 차탄嗟嘆의 가슴으로 품어 안는다. 그러나 애상哀傷의 습속에 빠지지는 않는다. 또한 심미적 거리 유지에도 충실하다. 목적시의 위험성을 알기 때문이다.

서정시의 광맥인 그리움과, 생명과 삶의 결정소인 사랑에 김귀례 시인이 무심할 리 없다. 그가 무심해 보이는 바람 소리, 소나무 한 그루, 계절의 표정에 서정의 촉수를 벼리는 것은 그렇기에 당연하다. 온통 그리움 덩어리라 해도 좋을 김귀례 시조의 서정적 자아는 부모님과의 아드막한 결별, 그 애별리고愛別離苦에 이르러 극한을 가늠한다. 그럼에도 그의 서정미학은 원색적 감정 표출을 연소시켜야 하는 절제의 계기와 결별할 수 없다. 본디 시조의 형태미는 절제 지향의 구심력과 자유 지향의 원심력이 조성하는 긴장의 경계선에 있다. 그렇기에 그의 사랑의 미학은 소나무 한 그루에도 눈물겹고, 따끈한 차 한 잔에 그지없이 편안해지는 그리움의 부드러운 결정結晶, 순수 그 자체다.

김귀례 시인의 부드럽고 아름다운 심미안은 마침내 삶의 묘리, 지혜를 터득하는 경지에 들어 있다. 그의 삶, 휘청대는 레일과 파란에 찬 강과 바다를 거쳐 이제 깨달음의 거처居處에 안착한 것이다.

김귀례 시인의 좋은 시조집을 정독한 마음 기쁘다. 시조집 상재를 축하하며, 그의 남은 시업詩業의 길이 평탄하기를 빈다.